AF340189

PHOTOGRAPHIE DES FAMILLES.
GALERIE PHOTOGRAPHIQUE ET BIOGRAPHIQUE
DES
SAUVETEURS

SOCIÉTÉ

SOUS LE PATRONAGE DE S. M. L'EMPEREUR NAPOLÉON III.

Publié par Henry Le Françay, Photographe.

20, Rue de la Victoire, 20.

— PARIS. —

ANNE BIGET

(EN RELIGION SOEUR MARTHE)

Née à Torraisse (Doubs), 1749

« *Les malheureux sont mes amis.* » Telle est la devise qu'avait adoptée cette femme, dont la vie entière n'a été que dévouement à toutes les infortunes. Anne Biget est née d'une famille de cultivateurs, dans un petit village près Besançon. C'est au foyer domestique que cette femme d'une âme si élevée, apprit à faire aimer son Dieu dans les soins prodigués à l'humanité.

Pénétrons vivement au milieu des bonnes œuvres qui ont si justement popularisé cette femme vénérable

Anne, à peine âgée de huit ans, se rendait un jour à Besançon, portant à ses frères des gâteaux de fête, quand sur sa route elle rencontre une charrette sur laquelle étaient enchaînés des forçats. La petite fille émue jusqu'aux larmes à la vue de ces misères dont elle ignore le nom, se précipite vers la charrette et donne à ces malheureux les gâteaux destinés à ses frères. Une autre fois, ce sont des villageois qui perdent leur vache, nourrice du chaume; ces pauvres gens sont en larmes. Anne connaît leur chagrin; elle court à l'étable, en tire une belle génisse et la conduit chez les paysans désolés.

— Pour vous! leur dit-elle, mon père me l'a donné hier, et aujourd'hui le bon Dieu vous la donne, ajouta-t-elle les yeux éclatants d'une joie céleste.

A près de vingt ans, Anne quitte le foyer du bon cultivateur pour entrer au couvent de *la Visitation*, où le nom de sœur Marthe lui fut donné. Abandonner, comme Jeanne d'Arc, la bonne Lorraine, famille et village pour être utile aux autres, était certainement le plus grand sacrifice que puisse faire Anne Biget.

Comme sainte Clotilde, sœur Marthe dut surmonter bien des dégoûts pour panser les plaies des malheureux; son cœur se soulevait; mais une volonté appuyée sur la pitié finit par triompher de toutes ses répugnances, tant était grande en elle l'héroïsme dans la volonté.

Sœur Marthe eut tous les genres de dévouement : depuis la patience, dans la suite donnée à son esprit de charité, jusqu'à la supplique, jusqu'à la spontanéité. Un matin, sœur Marthe sortait de la ville portant aux pauvres, avec la parole qui relève l'âme, le pain qui raffermit le corps; enfoncée à pied dans la campagne, elle découvre un chaume isolé d'où sortait une épaisse fumée et des flammes sombres, la bonne Sœur presse le pas. Des cris partent de l'intérieur. Tout le monde est aux champs. Pas de secours! — La pauvre femme du logis, qui était à l'herbe, accourt épouvantée; deux enfants dorment dans leur berceau. Elle se jette dans la maison en feu; mais, dans son trouble, elle tombe épuisée et suffoquée sur le carreau. Sœur Marthe la suit, l'entraîne dehors en l'emportant évanouie dans ses bras, et court une seconde fois arracher les enfants aux flammes près de les dévorer; ses vêtements sont brûlés. Obligée de fermer les yeux dans des flots de fumée fière, la bonne Sœur se heurte contre les murs et ne retrouve une issue qu'au risque des plus grands périls.

Une autre fois, c'est en se précipitant dans les flots qu'elle arrache un enfant qui se noyait dans le Doubs.

Sœur Marthe a traversé la Révolution, l'Empire, la Restauration, toujours aimée, toujours chérie des infortunés. En 93, le couvent de *la Visitation* est dispersé. Sœur Marthe se réfugie à Besançon, où elle organise la bienfaisance. Les vieux prêtres proscrits, les enfants sans vêtements, les pauvres mères en couches sont l'objet de ses plus tendres sollicitudes. En 1814 et 1815, elle est sur le champs de bataille, consolant et pansant nos blessés.

On peut dire que, du berceau à la tombe, son chemin est une voie semée de bienfaits. La bonne sœur Marthe n'est plus. Voici l'épitaphe placée sur la pierre de son tombeau :

A LA MÉMOIRE
de Sœur MARTHE, ANNE BIGET,
religieuse de la Visitation de sainte Marie,
née à Torraisse (Doubs), le 27 octobre 1749,
décédée le 29 mars 1824, à Besançon,
où, pendant 50 ans, elle se dévoua
au soulagement des pauvres,
des malades, des blessés et des prisonniers.
Besançon honore son courage et sa vertu.
Napoléon récompensa son dévouement.
Elle reçoit des décorations d'honneur du roi
Louis XVIII et du ministre de la guerre.
Les souverains de Prusse, d'Autriche et de Russie,
la décorent de médailles d'or pour les soins
qu'elle donna à leurs soldats prisonniers.

Sœur Marthe n'a pas eu le bonheur de porter la décoration de la Légion d'honneur, bien qu'elle ait été sollicitée pour elle par les généraux français commandant à Besançon. L'Empereur la lui avait accordée; mais l'invasion de 1815 ne permit pas que le brevet arrivât jusqu'à sœur Marthe.

Napoléon, Président de la République en 1854, reconnut que le décret existait et *sœur* MARTHE *avait été glorieusement décorée par l'Empereur.*

Tel est l'hommage tardif rendu à la mémoire d'une femme qui portait dans son cœur la plus sainte des vertus : la foi agissante, et qui est morte pauvre pour avoir tout donné aux pauvres.

SAVINIEN LAPOINTE.

GALERIE PHOTOGRAPHIQUE ET BIOGRAPHIQUE
DES
SAUVETEURS

SOCIÉTÉ

SOUS LE PATRONAGE DE S. M. L'EMPEREUR NAPOLÉON III

Publiée par Auguste Lacroix Photographe
20, Rue de la Victoire à Paris.

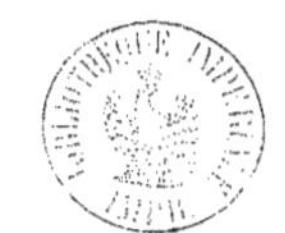

QUILLAIT (PIERRE-MARIE), NÉ A CHATEAUNEUF, LE 30 MARS 1830, MAITRE CANONNIER DE 1re CLASSE A BORD DE LA **POURSUIVANTE**, ET DÉCORÉ DE LA MÉDAILLE MILITAIRE PAR DÉCRET EN DATE DU 30 DÉCEMBRE 1858.

PIERRE-MARIE QUILLAIT fait partie de cette héroïque phalange qui, par son courage, puisé aux sources du cœur, donne le plus bel exemple à suivre et fait aimer l'humanité ; ce n'est pas seulement en France, pour son pays, que le sauveteur se dévoue, c'est partout où il y a danger pour les autres, comme le prouve le fait suivant :

Le 20 décembre 1855, le feu s'étant déclaré dans l'entre-pont du brick belge, le *National*, qui se trouvait dans le port de Rio de Janeiro, déjà les autorités brésiliennes (par mesure de prudence) avaient donné l'ordre de couler le navire, lorsque le Conseil général belge réclama l'assistance de la marine française.

Grâce à son généreux dévouement, et surtout à celui de d'Alexis, Quillait et Sorant, qui ont couru les plus grands périls, l'incendie a été promptement maîtrisé, et le navire et la cargaison ont été sauvés.

En souvenir et en récompense de ce dévouement, le roi des Belges, par arrêté royal du 21 février 1856, a décerné une médaille de ...se à Pierre-Marie Quillait, quartier-maître à bord du navire français *la Poursuivante*.

C'est sur cette *Poursuivante* que Quillait devait illustrer deux fois son nom et laisser une belle mémoire à sa famille, le 2 décembre 1855.

Le cri sinistre : Un homme à la mer ! retentissait sur le navire ; les flots étaient agités ; un novice vient d'être emporté ; il va couler, le malheureux !... Quillait n'hésite pas, se précipite à la mer, sauve le jeune homme au péril de ses jours ; ce fut l'affaire d'un moment. Pour cette belle action, Pierre-Marie Quillait reçut, de par l'Empereur, la médaille de 2e classe.

Quillait a eu encore un bonheur que bien des Français vont lui envier : il a pris part à la guerre si glorieuse et si populaire de l'indépendance italienne, à bord de l'*Aigrette* ; il a mérité et obtenu la médaille instituée par décret impérial du 9 août 1859.

Ce bon sauveteur, qui a sauvé tant de choses, devait éprouver une bien vive douleur cependant. La canonnière l'*Aigrette* devait lui être funeste ; un cri d'alarme est poussé de la quille au pont : c'est le feu, c'est l'explosion, ce sont les chaudières qui sautent. Quillait ne saute pas, mais ses précieux papiers, mais ses titres furent engloutis avec la canonnière.

Quillait (Pierre-Marie) fit des démarches, et tout lui fut rendu, car il était à son poste quand le sinistre éclata ; mais, moins heureux que sur la *Poursuivante*, le brave sauveteur ne put sauver l'*Aigrette*, mais il en emporta la réputation d'un brave et honnête marin.

SAVINIEN LAPOINTE.

Auguste LACROIX Photographe

PHOTOGRAPHIE DES FAMILLES.
GALERIE PHOTOGRAPHIQUE ET BIOGRAPHIQUE
DES
SAUVETEURS

SOCIÉTÉ

SOUS LE PATRONAGE DE S.M. L'EMPEREUR NAPOLÉON III.

Publié par Henry Le Françay, *Photographe.*

20, Rue de la Victoire. 20.

— PARIS. —

QUILLAIT
(PIERRE-MARIE)

Né à Châteauneuf, le 30 mars 1830

MAITRE-CANONNIER DE 1re CLASSE A BORD

DE LA **POURSUIVANTE**,

ET DÉCORÉ DE LA MÉDAILLE MILITAIRE

Par décret en date du 30 décembre 1859.

Pierre-Marie Quillait fait partie de cette héroïque phalange qui, par son courage, puisé aux sources du cœur, donne le plus bel exemple à suivre et fait aimer l'humanité; ce n'est pas seulement en France, pour son pays, que le sauveteur se dévoue, c'est partout où il y a danger pour les autres, comme le prouve le fait suivant :

Le 29 décembre 1855, le feu s'étant déclaré dans l'entre-pont du brick belge, *le National*, qui se trouvait dans le port de Rio de Janeiro, déjà les autorités brésiliennes (par mesure de prudence) avaient donné l'ordre de couler le navire, lorsque le Conseil général belge réclama l'assistance de la marine française.

Grâce à son généreux dévouement, et surtout à celui de D'Alexis, Quillait et Sorant, qui ont couru les plus grands périls, l'incendie a été promptement maitrisé, et le navire et la cargaison ont été sauvés.

En souvenir et en récompense de ce dévouement, le roi des Belges, par arrêté royal du 24 février 1856, a décerné une médaille de 2e classe à Pierre-Marie Quillait, quartier-maitre à bord du navire français *la Poursuivante*.

C'est sur cette *Poursuivante* que Quillait devait illustrer deux fois son nom et laisser une belle mémoire à sa famille, le 2 décembre 1855.

Le cri sinistre : Un homme à la mer! retentissait sur le navire; les flots étaient agités; un novice vient d'être emporté; il va couler, le malheureux!.. Quillait n'hésite pas, se précipite à la mer, sauve le jeune homme au péril de ses jours, ce fut l'affaire d'un moment. Pour cette belle action. Pierre-Marie Quillait reçut, de par l'Empereur, la médaille de 2e classe.

Quillait a eu encore un bonheur que bien des Français vont lui envier : il a pris part à la guerre si glorieuse et si populaire de l'indépendance italienne, à bord de *l'Aigrette*; il a mérité et obtenu la médaille instituée par décret impérial du 9 août 1859.

Ce bon sauveteur, qui a sauvé tant de choses, devait éprouver une bien vive douleur cependant. La canonnière *l'Aigrette* devait lui être funeste; un cri d'alarme est poussé de la quille au pont : c'est le feu, c'est l'explosion, ce sont les chaudières qui sautent. Quillait ne saute pas, mais ses précieux papiers, mais ses titres furent engloutis avec la canonnière.

Quillait (Pierre-Marie) fit des démarches, et tout lui fut rendu, car il était à son poste quand le sinistre éclata; mais, moins heureux que sur *la Poursuivante*, le brave sauveteur ne put sauver *l'Aigrette*, mais il en emporta la réputation d'un brave et honnête marin.

SAVINIEN LAPOINTE.

PHOTOGRAPHIE DES FAMILLES.
GALERIE PHOTOGRAPHIQUE ET BIOGRAPHIQUE
DES
SAUVETEURS

SOCIÉTÉ

SOUS LE PATRONAGE DE S.M. L'EMPEREUR NAPOLÉON III.

Publié par Henry Le Françay, Photographe.
20, Rue de la Victoire. 20.
—— PARIS. ——

LAINÉ
(ALEXANDRE NARCISSE)
OUVRIER ÉBÉNISTE
Né à Meigny (Eure), le 10 avril 1810.
MÉDAILLÉ DE PREMIÈRE CLASSE.

Pas d'accidents, pas de drames qui soient aussi féconds en variétés que l'histoire *des Sauveteurs*. Combien de ces histoires, à mesure que nous les exposerons, paraîtront ou surnaturelles ou miraculeuses! Et combien sont dignes de fixer l'admiration des hommes, ces braves qui, sans consulter la gravité du danger, s'y précipitent sans se demander comment ils en sortiront.

— Des appels se font entendre, un de ces hommes-sauveteurs passe, le courage l'emporte sur les ailes de l'émotion, et les malheureux condamnés à périr dans les flammes ou dans les flots sont sauvés.

La belle action qui a valu à Lainé la médaille de première classe, mérite d'être racontée, elle ne sera pas une des histoires les moins émouvantes que nous aurons à livrer, dans le courant de cette publication, à l'avide curiosité du public.

Le 30 avril 1844, un incendie éclate chez un menuisier de la rue Neuve-Coquenard, des voitures de bois flambent, la cour est embrasée. Au fond de cette cour, inabordable par la fumée, les flammes et les murs rougis par un brasier incandescent, est une habitation dans laquelle une femme enfermée pousse des cris de terreur! Le feu la gagne; elle est perdue, la

malheureuse : pour arriver jusqu'à elle il faut marcher sur des charbons ardents, passer dans les flammes, sous une fumée noire et épaisse.

Cette infortunée est perdue! Aller à elle... Par quel chemin? Pourtant la foule frémit, se trouble, s'agite; la sauver est désormais impossible.

Impossible! Non! s'écrie un brave jeune homme, Alexandre Lainé, et, se précipitant au milieu des flammes, qui peuvent le dévorer dans sa course, néanmoins il se fraye un passage, traverse un espace de plus de cinquante pas sur un pavé de feu, brise les carreaux d'une fenêtre, se précipite dans un appartement où une femme accroupie et comme paralysée de stupeur se cachait le visage en attendant la mort. Le jeune homme l'enlève avec énergie, la prend dans ses bras, et traverse une seconde fois les flammes agitées et dévorantes.

La pauvre femme est sauvée. Mais le brave Lainé a le poignet en sang, un éclat de verre lui a ouvert une artère, le feu lui a dévoré la moitié du visage, du côté droit, et le bras.

Son héroïsme lui vaut trois mois qu'il passe à l'hôpital. Celle qu'il a sauvée n'a qu'une petite brûlure au col et au petit doigt : tout le mal, toute la douleur a été pour notre sauveteur; mais la récompense, une récompense juste et méritée, brille sur la poitrine d'Alexandre-Narcisse Lainé :

Une médaille de première classe lui a été décernée.

SAVINIEN LAPOINTE,

GALERIE PHOTOGRAPHIQUE ET BIOGRAPHIQUE
DES
SAUVETEURS

SOCIÉTÉ

SOUS LE PATRONAGE DE S. M. L'EMPEREUR NAPOLÉON III.

Publié par Auguste Lacroix Photographe

20, Rue de la Victoire à Paris.

FAIVRE
(SIMON)

L'ÉCLUSIER DU PONT-NEUF

Né à Auxonne (Côte-d'Or), le 25 avril

1814.

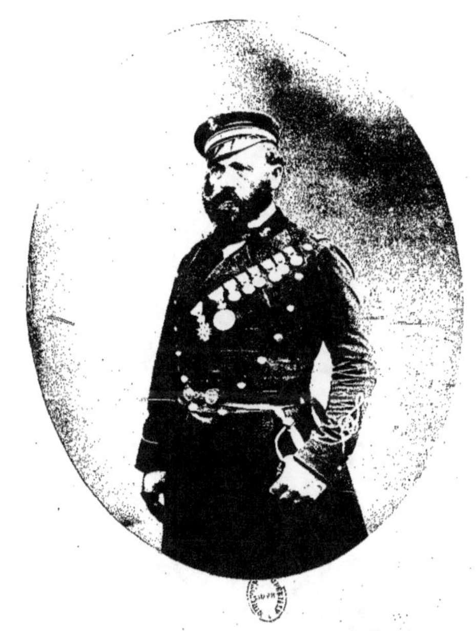

A peine entré dans la vie, cet homme, d'une nature tout exceptionnelle, se fait remarquer par un de ces traits qui disent déjà tout ce qu'il est et tout ce qu'il sera un jour.

Des enfants glissaient, l'hiver de 1824, sur la Saône qui était prise; l'un d'eux sent la glace s'ouvrir sous ses pas et disparaît.

Simon entend ce cri, court au gouffre, s'y jette tout habillé et ramène l'enfant. Quel était cet enfant ! Le frère de Simon. Simon n'avait alors que dix ans! L'année suivante, un autre de ses frères qui jouait sur un glaçon, tombe dans la Saône .. On s'empresse d'avertir Simon qui était près de là. Courir à la berge serait perdre son temps, Faivre, sans rien calculer, au risque de se briser les reins sur un glaçon, se précipite tête en bas du haut du pont. Dieu bénit le courage; il sauve cet autre frère d'une mort inévitable. En 1832, à la Mayohe (Côte-d'Or), il sauve un caporal de voltigeurs qui se noyait. En 1833, Faivre avait alors dix-neuf ans, il se baignait dans la Saône, quand deux femmes, chargées d'un fardeau, mirent le pied à côté du gué qu'elles traversaient habituellement, et furent emportées par le courant. Des cris au secours attirent l'attention de Faivre sur ce point. Qui se noie? il l'ignore; jugez de sa surprise et de sa joie : la première qu'il ramène au rivage c'est sa mère, sa mère à qui il vient de sauver la vie! Bientôt, aidé d'un camarade, il sauve l'autre femme. En 1840, à Monttigney (Jura), il arrache à leur écurie huit chevaux cernés par les flammes, et préserve du feu six cents mesures de blé. Une autre fois, en 1844, c'est un enfant qu'il enlève aux flammes. A Montmaneus (Côte-d'Or), une mère de famille périssait dans un incendie avec ses deux enfants; Faivre ose pénétrer dans la maison embrasée, trois fois il est repoussé par les flammes. Il résiste et parvient à sauver enfants et mère. Faivre ne s'en tient pas là, il sauve encore le petit mobilier, seule fortune de ces pauvres gens. Une récompense pécuniaire lui est accordée par M. le préfet. Faivre ne la reçoit que pour en faire part à ceux qui lui doivent la vie! tout à l'heure c'était le dévouement, maintenant c'est la charité. En mai 1847, à Hanlley (Côte-d'Or), le feu se déclare dans une maison: tout le monde a pu s'enfuir, hors un vieillard que ses frères abandonnent; la maison est embrasée; le vieillard, penché sur le bord de la fenêtre, implore un vain secours de la foule émue, le vieillard et la foule poussent des cris de détresse, le moment est horrible. Mais voici Faivre qui, méprisant le danger, s'ouvre un passage à travers les flammes comme autrefois sous la glace et dans les flots, il apparaît tenant dans ses bras robustes le pauvre vieillard. Applaudissements, cris d'enthousiasme, pleurs d'admiration éclatent à la vue de ce beau triomphe. Le 8 juillet de la même année, il retirait trois personnes de l'incendie dans la commune du Vouges.

Un des traits les plus touchants de la vie de cet homme est celui-ci : Le 25 décembre 1847, Faivre suivait les bords de la Saône pour rentrer chez lui. La nuit était noire, la terre couverte de verglas. Des cris : au secours! se font entendre. Faivre ·s'arrête, écoute promène son regard sur les flots, entend un second cri, se précipite dans le fleuve; mais cette fois il ne ramène qu'un cadavre. Cet infortuné est un de ses voisins. Simon Faivre charge le cadavre sur ses épaules et le rapporte à sa famille, à ses enfants, malgré des chemins affreux, la nuit, et une distance de quatre kilomètres. L'intrépide sauveteur ne peut échapper à une maladie assez grave, suite de cet acte des plus beaux et le plus digne d'être loué. Les anciens, qui avaient le culte des morts, eussent élevé une statue à la mémoire de Simon Faivre.

Ses actes de dévouement ont cependant eu leur récompense : L'empereur alors président de la république, plaça lui-même sur la poitrine de Simon Faivre la croix de la Légion d'honneur. Il nous est impossible dans cette courte notice de raconter toutes les belles actions de cet homme extraordinaire ; mais, disons tout de suite, que la société lui est redevable de cent sept sauvetages et qu'il a épuisé tous les genres de récompenses accordées aux sauveteurs. — Une médaille d'or du prix de mille francs lui a été décernée solennellement dans une séance de l'Institut. Cette fois c'était la récompense de la vertu. Il s'agissait d'un prix légué par le vénérable M. de Montyon. Honneur au brave Simon Faivre, à l'honnête éclusier du Pont-Neuf, qui a su marier la vertu la plus austère un dévouement le plus héroïque.

SAVINIEN LAPOINTE,

Secrétaire de l'Administration.

Chez LENDER, Imp. Lith. 22, rue Coquillière, (Bureau du J^{al} Psyché) où l'on s'abonne à la Biographie des Sauveteurs.

Imp. Brisselte, Pass. Kirshner, 11, Paris-Belleville

PHOTOGRAPHIE DES FAMILLES.
GALERIE PHOTOGRAPHIQUE ET BIOGRAPHIQUE
DES
SAUVETEURS

SOCIÉTÉ

SOUS LE PATRONAGE DE S.M. L'EMPEREUR NAPOLÉON III.

Publié par Henry Le Françay, *Photographe.*

20, Rue de la Victoire, 20.

——— PARIS. ———

FAIVRE

(SIMON)

L'ÉCLUSIER DU PONT-NEUF

Né à Auxonne (Côte-d'Or), le 25 Avril 1814.

À peine entré dans la vie, cet homme, d'une nature toute exceptionnelle, se fait remarquer par un de ces traits qui disent déjà tout ce qu'il est et tout ce qu'il sera un jour.

Des enfants glissaient, l'hiver de 1824, sur la Saône, qui était prise; l'un d'eux sent la glace s'ouvrir sous ses pas et disparait.

Simon entend un cri, court au gouffre, s'y jette tout habillé et ramène l'enfant. Quel était cet enfant? Le frère de Simon. Simon n'avait alors que dix ans! L'année suivante, un autre de ses frères qui jouait sur un glaçon, tombe dans la Saône... On s'empresse d'avertir Simon qui était près de là. Courir à la berge serait perdre son temps, Faivre, sans rien calculer, au risque de se briser les reins sur un glaçon, se précipite tête en bas du haut du pont. Dieu bénit le courage; il sauve cet autre frère d'une mort inévitable. En 1832, à la Marche (Côte-d'Or), il sauve un caporal de voltigeurs qui se noyait. En 1833, Faivre avait alors dix-neuf ans, il se baignait dans la Saône, quand deux femmes, chargées d'un fardeau, mirent le pied à côté du gué qu'elles traversaient habituellement, et furent emportées par le courant. Des cris au secours attirent l'attention de Faivre sur ce point. Qui se noie? il l'ignore; jugez de sa surprise et de sa joie : la première qu'il ramène au rivage c'est sa mère, sa mère à qui il vient de sauver la vie! Bientôt, aidé d'un camarade, il sauve l'autre femme. En 1840, à Montigny (Jura), il arrache à leur écurie huit chevaux cernés par les flammes, et préserve du feu six cents mesures de blé. Une autre fois, en 1844, c'est un enfant qu'il enlève aux flammes. A Montmancus (Côte-d'Or), une mère de famille périssait dans un incendie avec ses deux enfants; Faivre ose pénétrer dans la maison embrasée, trois fois il est repoussé par les flammes. Il résiste et parvient à sauver enfants et mère. Faivre ne s'en tient pas là, il sauve encore le petit mobilier, seule fortune de ces pauvres gens. Une récompense pécuniaire lui est accordée par M. le Préfet. Faivre ne la reçoit que pour en faire part à ceux qui lui doivent la vie! Tout à l'heure c'était le dévouement, maintenant c'est la charité. En mai 1847, à Hanlley (Côte-d'Or), le feu se déclare dans une maison; tout le monde a pu s'enfuir, hors un vieillard que ses frères abandonnent; la maison est embrasée; le vieillard, penché sur le bord de la fenêtre, implore en vain secours de la foule émue, le vieillard et la foule poussent des cris de détresse, le moment est horrible. Mais voici Faivre qui, méprisant le danger, s'ouvre un passage à travers les flammes comme autrefois sous la glace et dans les flots, il apparaît tenant dans ses bras robustes le pauvre vieillard. Applaudissements, cris d'enthousiasme, pleurs d'admiration éclatent à la vue de ce beau triomphe. Le 8 juillet de la même année, il retirait trois personnes de l'incendie dans la commune de Vouges.

Un des traits les plus touchants de la vie de cet homme est celui-ci : Le 25 décembre 1847, Faivre suivait les bords de la Saône pour rentrer chez lui. La nuit était noire, la terre couverte de verglas. Des cris : au secours! se font entendre. Faivre s'arrête, écoute, promène son regard sur les flots, entend un second cri, se précipite dans le fleuve; mais cette fois il ne ramène qu'un cadavre. Cet infortuné est un de ses voisins. Simon Faivre charge le cadavre sur ses épaules et le rapporte à sa famille, à ses enfants, malgré des chemins affreux, la nuit, et une distance de quatre kilomètres. L'intrépide sauveteur ne peut échapper à une maladie assez grave, suite de cet acte des plus beaux et le plus digne d'être loué. Les anciens, qui avaient le culte des morts, eussent élevé une statue à la mémoire de Simon Faivre.

Ses actes de dévouement ont cependant eu leur récompense : L'Empereur, alors Président de la République, plaça lui-même sur la poitrine de Simon Faivre la croix de la Légion d'honneur. Il nous est impossible dans cette courte notice de raconter toutes les belles actions de cet homme extraordinaire; mais, disons tout de suite, que la société lui est redevable de cent dix sauvetages et qu'il a épuisé tous les genres de récompenses accordées aux sauveteurs. — Une médaille d'or du prix de mille francs lui a été décernée solennellement dans une séance de l'Institut. Cette fois c'était la récompense de la vertu. Il s'agissait d'un prix légué par le vénérable M. de Monthyon. Honneur au brave Simon Faivre, à l'honnête éclusier du Pont-Neuf, qui a su marier la vertu la plus austère au dévouement le plus héroïque.

SAVINIEN LAPOINTE,

Secrétaire de l'Administration.

H. Le Francay, Photographe.　　　20, r. de la Victoire.

PHOTOGRAPHIE DES FAMILLES.

GALERIE PHOTOGRAPHIQUE ET BIOGRAPHIQUE
DES
SAUVETEURS

SOCIÉTÉ

SOUS LE PATRONAGE DE S.M. L'EMPEREUR NAPOLÉON III.

Publié par Henry Le Françay, *Photographe.*

20, Rue de la Victoire 20.
——— PARIS. ———

LOUIS-MARIN RENOUF

Né à Caen (Calvados) le 2 février 1800

(MÉDAILLE D'HONNEUR)

Est encore un de ces hommes fait pour honorer l'humanité dans ce qu'elle a de meilleure, et pour nous consoler des monstres qui affligent et attristent les bons cœurs en nous donnant le spectacle des plus farouches instincs.

Le 25 août 1845, c'était fête à Caen (Calvados); vers le soir, la population animée se portait en foule pour jouir du spectacle qui devait clore la fête, un feu d'artifice allait être tiré; déjà les premières fusées illuminaient un ciel sombre, quand un long cri d'effroi se fit entendre : c'était le pont du petit cours qui s'écroulait sous la charge des assistants qui l'encombraient. Quantité de personnes furent précipitées dans la rivière, et bon nombre ne durent l'existence qu'au courage et au dévouement du jeune Renouf.

M. Louis-Marin Renouf a également figuré avec honneur dans divers incendies, notamment à l'incendie de la maison Chaignau, fruitier, à Vaugirard. Un autre jour, c'est dans la rue de Sèvres, 38; il coupe l'incendie, et son intrépidité, dit le rapport, préserve la maison d'un véritable désastre. Et encore le 15 janvier 1837, lors de l'incendie du théâtre des Italiens, Renouf ne quitte le lieu du sinistre qu'après s'être porté au milieu du danger et épuisé de fatigue.

1832 fut tristement célèbre par l'apparition d'un fléau qui désolait le monde. Paris fut marqué par le *choléra morbus*, comme devant lui fournir le plus de victimes. La population effrayée, ne pouvant s'expliquer les coups de cet ennemi invisible. Il y avait donc là un mystère; toutes les fois qu'un fait ne s'explique pas de lui-même, qu'il n'est pas visible à l'œil trouble des multitudes, elles se l'expliquent par la terreur, la superstition et la fureur. Quelques esprits fous d'épouvante s'imaginèrent à cette époque que les marchands de vins, d'accord avec le Gouvernement, empoisonnaient le peuple. Les passions politiques comme le fanatisme religieux se sont toujours armés des fléaux les plus terribles pour en écraser leurs adversaires. Dans ces atroces accusations la foule inquiète et crédule voit alors une explication à ce fléau mystérieux et destructeur, et que n'explique pas la science prise au dépourvu.

Un malheureux, halluciné par la peur et ces faux récits, s'imagine qu'il a vu un malfaiteur, un empoisonneur; se

H. Le Francay, Photographe.   20, r. de la Victoire.

pencher sur le comptoir d'un marchand de vins pour jeter du poison dans les brocs.

L'accusateur insensé dit qu'il a vu, bien vu, affirme, soutient, désigne du doigt et d'un poing menaçant un homme qui tout naturellement pâlit sur cette accusation écrasante. Sa pâleur semble une preuve de sa culpabilité, il veut fuir, mais un cercle menaçant l'entoure; mille bras sont levés pour le mettre en lambeaux, l'assassinat va collaborer avec le fléau... Mais M. Marin Renouf accourt, écarte la foule de ses bras vigoureux, va droit à la victime qu'il enlève à une mort certaine, sauvant ainsi par sa belle action la vie à un malheureux et un remords à la foule.

Nous ne parlerons pas des événements politiques auxquels M. Marin Renouf a été mêlé et dans lesquels toute la France a participé. Nous n'avons rien à dire où tant de convictions vraies se sont brisées où d'autres ont triomphé. Nous dirons seulement en passant sur ces douloureux champs de bataille : paix aux vaincus, et nous sommes certain que M. Renouf est de notre avis.

Nous ne terminerons pas cette petite biographie sans raconter encore les traits suivants :

Dans un incendie qui s'est déclaré chez M. Thouzé Maréchal (jour de Pâques 1825), Renouf ne consultant que son courage se jette au milieu des flammes pour disputer à l'incendie un enfant qui allait périr, *pour lequel fait je lui aurai une reconnaissance éternelle*, dit M. Thouzé, père de l'enfant.

Voici un autre témoignage : Nous, soussigné, Alexandre Griez, certifions que ce jourd'hui 15 août 1843, 5 heures du matin le sieur Renouf (Louis-Marin), s'es conduit de la manière la plus honorable et digne d'éloge, en nous retirant de la Seine (pont d'Iéna), prêts à nous noyer, moi et le nommé Désiré, demeurant tous deux chez le sieur Gratteau; barrière Montparnasse. Étant disparus depuis quelques minutes sous un bateau, il ne pouvait parvenir à nous sauver qu'en plongeant à plusieurs reprises, s'exposant ainsi à la fureur des flots. Devant mon existence prolongée à la générosité, courage et sang-froid du sieur Renouf, je lui voue une reconnaissance éternelle.

Telle est, en abrégé, la vie de cet homme aimé et généralement estimé de tous ceux qui le connaissent. Tant de belles actions devaient avoir leur récompense, le 28 octobre 1837, la Société des naufrages décernait à M. Renouf une médaille d'encouragement.

Le 26 janvier 1838, et sur la proposition de M. le Ministre de l'Intérieur, le roi Louis-Philippe décernait à notre brave sauveteur une médaille d'honneur en argent pour le courage et le dévouement dont il avait fait preuve en différentes circonstances.

Souvenirs qui se perpétuent dans la famille de M. Renouf, dont ils sont les titres de noblesse.

SAVINIEN LAPOINTE.

Imp. Frisselle, Pass. Kusner, 17, Paris-Belleville.

PHOTOGRAPHIE DES FAMILLES.
GALERIE PHOTOGRAPHIQUE ET BIOGRAPHIQUE
DES
SAUVETEURS

SOCIÉTÉ

SOUS LE PATRONAGE DE S.M. L'EMPEREUR NAPOLÉON III.

Publié par Henry Le Françay, Photographe.

20, Rue de la Victoire. 20.

PARIS.

ABEL JANNET.

Né à Angoulême, le 7 août 1835.

Abel Jannet est homme d'idée et d'action. Il a commencé très-jeune la pratique de cette fraternité sublime qui veut que nous exposions notre vie pour sauver celle de ceux qui sont en danger.

Dès l'âge le plus tendre, au lieu d'aller à l'école, il passait des journées entières à courir dans les champs et à se baigner dans la Charente.

Comme une cane vagabonde.
J'allais me jeter vite à l'eau.

dit il dans une ravissante poésie, *Quand j'étais petit.* Aussi devint-il bientôt l'un des meilleurs nageurs de son département.

C'est à douze ans que, pour la première fois, Jannet commence son rôle de sauveteur. Un de ses camarades, de 4 ans plus âgé que lui, entraîné par un courant rapide, est sur le point de se noyer, lorsque n'écoutant que son courage, il s'élance au milieu du fleuve et retire le jeune imprudent du gouffre qui allait se refermer sur lui. Deux ans plus tard, se baignant avec plusieurs enfants de son âge, il en sauve un qui avait déjà disparu sous l'eau et qu'on croyait à jamais perdu.

De 1848 à 1858, il a le bonheur d'arracher à la mort trois personnes, qui sans lui périssaient dans les hautes herbes dont la Charente est pleine en de certains endroits.

Le 3 juillet 1858, le sauvetage du nommé Delage lui vaut la médaille de 2me classe.

Mais où Abel Jannet a déployé une bravoure, un sang-froid, une habileté de nageur remarquables, c'est dans la circonstance suivante :

Le 6 juillet 1860, le fils du lieutenant des sapeurs-pompiers, Latache, enfant de 15 ans, nageait dans un endroit rapide et profond de la Charente. Ses forces étant devenues impuissantes contre le courant, il disparut. Un ancien mousse, Durand, plus hardi que les autres baigneurs, se jeta à son secours; mais s'étant laissé saisir, ils disparurent tous deux, entrelacés, et le mousse, quoique bon nageur, allait payer de sa vie son dévouement, lorsqu'aux cris poussés par quelques spectateurs, Abel Jannet s'élance dans le fleuve, dégage le mousse et ramène l'enfant à terre, aux applaudissements des témoins de cette scène émouvante. En récompense de sa belle action, le vaillant sauveteur reçoit la médaille de 1re classe.

Ainsi, à l'âge où tant de jeunes hommes sont à charge à la société, Abel Jannet, lui, a rendu huit citoyens à son pays, huit téméraires à des mères qui mêlent son nom aux prières qu'elles adressent à Dieu.

Comme on le voit, c'est une vie dignement remplie que celle de notre héros. Sa modestie égale son dévouement, et ce n'est pas, à nos yeux, une des moindres qualités de cette vigoureuse nature qui, dans ses écrits, flagelle avec tant de vigueur les vices, les petites vanités, les passions mesquines qui grouillent autour de nous. Il défend avec force et talent les esprits supérieurs incompris des masses : il lutte aussi courageusement contre le courant des passions que contre celui des fleuves. Demandez plutôt à Auguste Vacquerie, à Richard Wagner, à Hector Mallot!

Si vous félicitez Abel Jannet sur son courage, il vous répondra que c'est l'instinct du sang, l'exaltation de la pitié, qui poussent à agir ainsi, et que ce n'est pas un mérite. Il ne connaît qu'un courage vrai, et que nous devons tous saluer, c'est l'honnêteté persistante devant les anomalies du hasard et la chance des turpitudes.

Le jour où vous verrez la croix de la Légion-d'Honneur briller sur la poitrine d'Abel Jannet, soyez persuadé qu'il l'aura bien gagnée.

Maintenant que vous connaissez le sauveteur, si vous désirez connaître le poète, lisez les *Emotions de citoyen,* les *Fleurs sauvages,* les *Parfums de la famille,* les *Echos perdus,* et surtout le *Repas de Satan,* un petit chef-d'œuvre.

L. de Wailly dans l'*Illustration,* E. de La Bédollière dans le *Siècle,* J. Soulary, H. Monnier, A. Vacquerie, Laurent Pichat ont adressé les plus chaleureux encouragements au jeune poète qui marche hardiment sur les traces de Barbier. Il ne manque qu'une chose à Abel Jannet pour arriver à la célébrité : le séjour de Paris.

Abel a écrit quelques pièces en vers pour le théâtre : *Artiste et Renégat,* drame en 5 actes, *Hégésippe Moreau,* monologue, *la Dernière larme du Tintoret,* scène dramatique, *Molière en ménage,* comédie en un acte, ont été représentés à Angoulême et ont obtenu un grand succès.

Le Prix de la Haine, drame en 5 actes, d'une conception magnifique, a été refusé à l'Odéon. Avec quelques corrections, ce drame serait un chef-d'œuvre.

Nous sommes heureux, en terminant cette notice, de rapporter l'anecdote suivante, qui se rattache à un nom aimé de la jeunesse.

Un soir, au café des Variétés, un de nos amis, Catulle Mendès, feuilletait les *Emotions de citoyen,* Henry Mürger, qui était tout près de lui, lui demanda ces poésies, que notre ami s'empressa de lui prêter. A peu de temps de là, rencontrant Mürger, Catulle Mendès lui réclama son volume; « Mon cher, lui répondit le chantre de la Bohème, je le garde, car il est d'un vrai poète qui ira loin. Il y a des défauts, beaucoup de défauts — défauts de jeunesse, — mais les qualités l'emportent, et c'est chose tellement rare aujourd'hui que l'idée dans la poésie, que je ne me défais pas de ce volume. »

Quelque temps après, Henry Mürger mourait à l'hôpital.

Adolphe BOYÉ.

H. Le Françay. Photographe.

20. r. de la Victoire.

Imp. Prissette, Rue Kuzner, 17, Paris.

1862

www.ingramcontent.com/pod-product-compliance
Lightning Source LLC
LaVergne TN
LVHW022253030726
842520LV00009B/2798